BRASILEIRINHOS DA MATA ATLÂNTICA

POESIA PARA OS BICHOS DE UMA LINDA FLORESTA

LALAU E LAURABEATRIZ

Agradecimentos
para Luis Fábio Silveira,
nosso amigo ornitólogo.

Grafia atualizada segundo o Acordo Ortográfico da Língua Portuguesa de 1990, que entrou em vigor no Brasil em 2009.

Animal da capa: SAÍRA-DE-LENÇO / *TANGARA CYANOCEPHALA*
Animal da contracapa: SAGUI-DA-SERRA / *CALLITHRIX FLAVICEPS*
Animais das vinhetas:
p. 3: OURIÇO-PRETO / *CHAETOMYS SUBSPINOSUS*
p. 47: GRALHA-AZUL / *CYANOCORAX CAERULEUS*
p. 48: GUARÁ-VERMELHO / *EUDOCIMUS RUBER*

Revisão:
FERNANDA FRANÇA
RENATA LOPES DEL NERO

Tratamento de imagem:
M GALLEGO • STUDIO DE ARTES GRÁFICAS

Dados Internacionais de Catalogação na Publicação (CIP)
(Câmara Brasileira do Livro, SP, Brasil)

Lalau
Brasileirinhos da Mata Atlântica : poesia para os bichos de uma linda floresta/ Lalau ; [ilustrações] Laurabeatriz. — 1ª ed. — São Paulo: Companhia das Letrinhas, 2024. (Coleção Brasileirinhos)

ISBN: 978-65-5485-032-2

1. Poesia — Literatura infantojuvenil I. Laurabeatriz. II. Título.

24-194470 CDD-028.5

Índices para catálogo sistemático:
1. Poesia : Literatura infantil 028.5
2. Poesia : Literatura infantojuvenil 028.5

Cibele Maria Dias — Bibliotecária — CRB-8/9427

EDITORA SCHWARCZ S.A.
Rua Bandeira Paulista, 702, cj. 32
04532-002 — São Paulo — SP — Brasil
(11) 3707-3500
www.companhiadasletrinhas.com.br
www.blogdaletrinhas.com.br
/companhiadasletrinhas
@companhiadasletrinhas
/CanalLetrinhaZ

Para os irmãos do Lalau:
Hely, Maria Aparecida, Jacy, José, Marcos e Valdecir.
In memoriam.

BRASIL
Mata
Atlântica

Encontrar e observar os bichos deste livro soltos na natureza, em parques, reservas ou florestas, é sempre emocionante! Tive essa sorte algumas vezes. São tantos e tão lindos!

A beleza da Mata Atlântica está justamente na enorme riqueza e diversidade de espécies. A vida pulsa nas diferentes paisagens, nas montanhas, serras e encostas até a planície, nas araucárias, campos, tabuleiros, restingas e manguezais. Esse bioma também é a casa da maioria dos brasileiros, pois está presente em 17 estados.

Infelizmente, a história do Brasil é a história da devastação dessa floresta. Os diferentes ciclos de desenvolvimento, exploração e a ocupação das cidades fizeram com que a Mata Atlântica fosse reduzida drasticamente, restando apenas 24% da área original. A situação é agravada pois há animais, como o mico-leão-de-cara-preta, o sapinho-pingo-de-ouro e o papagaio-chauá, que são endêmicos da Mata Atlântica, ou seja, só podem ser encontrados nesse bioma. Cada pedacinho da vegetação natural é importante para garantir a vida. Sendo assim, nosso grande desafio é proteger e recuperar a floresta. E este livro também pode nos ajudar!

Os poemas e os desenhos de *Brasileirinhos da Mata Atlântica* nos encantam e nos inspiram a cuidar desse bioma e a conhecê-lo ainda mais em parques e reservas espalhados pelo Brasil! Quem sabe nessas visitas eu consiga encontrar mais alguns desses lindos bichinhos? E vocês também!

Marcia Hirota
Presidente da Fundação SOS Mata Atlântica

Observação: No mapa ilustrado ao lado, a área destacada em verde refere-se, aproximadamente, à distribuição original da Mata Atlântica.

MICO-LEÃO-DE-CARA-PRETA

Mico-leão-de-cara-preta!
Esse macaquinho
é o mais lindo
do planeta!

Mico joia rara!
Corpo todinho de ouro
e uma pérola negra
é sua cara!

LEONTOPITHECUS CAISSARA

O mico-leão-de-cara-preta vive em pequenos grupos familiares e aproveita bromélias e ocos de árvores para abrigo. Alimenta-se de insetos e frutos. Encontrado somente no litoral do Paraná, no Parque Nacional de Superagui, e no litoral sul de São Paulo; áreas restritas e fragmentadas, o que dificulta a sobrevivência da espécie. A população, infelizmente, é muito pequena na natureza.

SAÍRA-LAGARTA

Foi da Mantiqueira
até a Serra de Ibitipoca.
No caminho, comeu formiga,
goiaba e pipoca.

Na Serra do Mar,
lá ao longe, viu a praia.
E voou para visitar
a saíra-sapucaia.

Encantou o Santuário
da Serra do Caraça.
Comeu, bebeu e dormiu:
tudo de graça.

Terminou a viagem
na Serra do Caparaó,
onde encontrou
o querido amigo corocoxó.

TANGARA DESMARESTI

A saíra-lagarta vive em pontos elevados de serras nos estados de Sergipe, Minas Gerais, Espírito Santo, Rio de Janeiro, São Paulo e Paraná. Come frutas, insetos, folhas e larvas. Faz seu ninho em forma de tigela nos arbustos e árvores pequenas. Um dos pássaros mais bonitos da Mata Atlântica, é conhecido por outros nomes populares: saíra-da-serra, saíra-verde e saíra-princesa.

JOANINHA

Flores levadas
pela correnteza.
Aguapés imitam
gramados.
No fundo do leito,
plantas, pedras,
troncos, capim.

O rio é um jardim.
e, como todo jardim,
tem joaninha:
um peixinho
todo pintadinho!

CRENICICHLA JUPIAENSIS

É um peixe de água doce que pode alcançar 40 cm de comprimento e pesar até 1 kg. Vive em lagoas, represas e águas mais calmas dos rios. Gosta de ficar perto de troncos, pedras e galhos submersos, onde se esconde dos predadores. Muito procurado como peixe ornamental. Mais conhecido como jacundá, também é chamado de mariana, sabonete, nhacundá e outros nomes.

TRAVA-LÍNGUA DA CUTIA

Cutia vinha, cutia ia,
cutia vinha, cutia ia.

Cutia comia
e o que não comia
cutia escondia.

Cutia vinha, cutia ia,
cutia vinha, cutia ia.

Se cutia esquecia
onde escondia,
cutia não comia!

DASYPROCTA AZARAE

É um roedor de pequeno porte, que mede entre 50 e 60 cm e pesa, em média, de 3 a 6 kg. Adora frutas, raízes e sementes. Tem o hábito de enterrar o alimento para comer depois. Muitas vezes, esquece o lugar onde o enterrou, e isso faz com que surjam novas plantas e árvores na mata. No Brasil, existem nove espécies de cutia.

BESOURO-RINOCERONTE

Quando voa,
é besouro.
Quando luta,
é rinoceronte.

Está quieto,
é besouro.
Fica bravo,
é rinoceronte.

Carrega uma folha?
É besouro.
Fura um tronco?
É rinoceronte.

Se faz tudo isso sozinho,
só pode ser um bichinho
com força de gigante:
o besouro-rinoceronte!

MEGASOMA GYAS

Essa espécie existe apenas no Brasil e é uma das maiores do mundo. É muito forte mesmo: pode suportar até 850 vezes o próprio peso. Mais ou menos como se uma pessoa carregasse 60 toneladas nas costas! Vive nas regiões Sul e Sudeste, alimenta-se de folhas, seiva das árvores e matérias vegetais. Somente os machos apresentam os chifrinhos.

SAPO-PINGO-DE-OURO

Não me beije, princesa.
Não sou príncipe encantado.
Mas sou um sapinho dourado!

Queria ser seu camafeu,
uma moedinha valiosa,
pulseirinha vistosa
ou coroa de reinado.
Mas sou um sapinho dourado!

Cuida bem de mim,
pois, assim,
serei o que sou:
um pequenino tesouro,
um pingo de ouro.

BRACHYCEPHALUS EPHIPPIUM

É um sapinho minúsculo, com apenas 2 cm de comprimento. O corpo alaranjado vibrante serve para avisar os predadores sobre seu poderoso veneno. Gosta de tomar sol pela manhã, especialmente depois das chuvas. Encontrado da Bahia até o Paraná. Também conhecido como sapinho-dourado e botão-de-ouro. Não pula como os outros sapos, caminha pelo chão.

JACUTINGA

Charmosa,
tem penacho penteado,
papo colorido,
muito caprichado.

Glamurosa,
usa batom azul no biquinho,
pinta de branco
em volta do olhinho.

Vaidosa,
se embeleza inteira
para desfilar pela mata
e catar coquinho
de palmeira.

ABURRIA JACUTINGA
É uma ave grande: mede cerca de 74 cm e pode pesar até 1,4 kg. Sua plumagem é brilhante e colorida. Alimenta-se de frutos, coquinhos da palmeira juçara e insetos. Por causa do desmatamento e da caça indiscriminada, deixou de existir em alguns locais do sul da Bahia até o Rio Grande do Sul. Ainda é encontrada em áreas protegidas da Mata Atlântica.

CAXINGUELÊ

Subiu na árvore,
encontrou um passarinho,
parou no galho,
fofocou um pouquinho,
pegou uma folha,
balançou o rabinho,
posou para foto,
desviou de espinho,
abraçou uma flor,
coçou o focinho,
olhou em volta,
entrou no ninho.

Tudo em um minutinho.
Que rapidinho!

GUERLINGUETUS BRASILIENSIS

O caxinguelê é um roedor muito esperto e ágil. Gosta de comer frutos e sementes duras, que servem para gastar seus dentinhos que não param de crescer. É considerado um importante dispersor de sementes na mata. Vive a maior parte do tempo nas árvores, onde dorme e constrói seu ninho nos galhos ou em troncos ocos. Conhecido também como serelepe, o esquilo brasileiro.

CORAL-VERDADEIRA

Um riacho,
um matagal.
O rastejar
sinuoso e teatral.

Magistral e colorida,
fatal e temida.

Linda como
exótico cristal.
Existe falsa,
jamais igual.

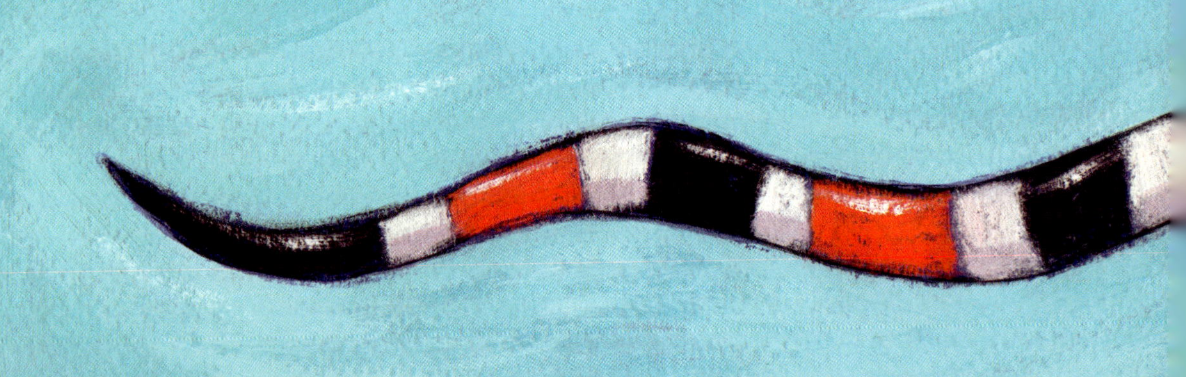

MICRURUS DECORATUS

A coral-verdadeira tem a pele listrada intercalando preto, vermelho e branco ou amarelo. É considerada uma das serpentes mais venenosas do Brasil. Alimenta-se de peixes e de vertebrados alongados, como lagartos e, até mesmo, outras cobras. Existem várias espécies de corais-falsas, que não são venenosas, mas muito parecidas com as corais-verdadeiras.

BICHO-FOLHA

Bicho-folha,
bicho fabuloso,
bicho fantasiado.

Bicho-folha,
bicho imitador,
bicho camuflado.

Bicho-folha,
bicho bonito,
bicho disfarçado.

Bicho-folha,
bicho esperança,
bicho encantado.

OMMATOPTERA PICTIFOLIA

O bicho-folha imita direitinho uma folha de árvore. Quando anda, balança o corpo como uma folha ao vento. Essa camuflagem confunde os predadores: pássaros, cobras, louva-a-deus, pererecas e outros animais. É herbívoro, alimenta-se de folhas e flores. Os adultos têm asas que usam para saltar de uma árvore para outra, não para voar. Alguns deles são verdes, por isso também são conhecidos popularmente como esperança.

SAGUI-DA-SERRA

Sagui,
para te proteger,
vou chamar o saci
e o curupira
também.

Para te alegrar,
vou trazer suiriri
e corruíra
também.

Ai, sagui,
quero te ver
sempre aqui,
na montanha
que te admira.
Amém.

CALLITHRIX FLAVICEPS
É uma espécie bem pequena de primata: um adulto pode pesar até 400 g. Sua beleza e suas cores, do castanho-acinzentado ao bege-amarelado, chamam muito a atenção do tráfico de animais silvestres. Vive em áreas montanhosas. Alimenta-se de frutos, insetos, pequenos vertebrados, goma, seiva e látex de plantas, fungos e sementes. Está em perigo crítico de extinção.

TOPETINHO-VERMELHO

É lindo,
mas tão lindo,
que foi beijar
uma flor
no canteiro,
e a flor
o beijou
primeiro.

LOPHORNIS MAGNIFICUS

É a menor espécie de ave brasileira: mede 6,8 cm e pesa 3 g. Alimenta-se do néctar das flores. Encontrado principalmente em Pernambuco, Alagoas e Bahia. Há registro de ocorrência em Tocantins. Somente o macho ostenta o charmoso topete vermelho e o leque de penas brancas e verdes no pescoço. Também conhecido como beija-flor-magnífico. Ele merece!

LAMBARI-LISTRADO

O lambari
viu o bem-te-vi.

Sonhou, então,
em ter asas
para saltar
além do ribeirão.

Voar entre as nuvens
que fazem a chuva,
entre as árvores
que dão frutos.

Voar para ver
mais de perto o sol.

Voar para escapar
de rede e anzol.

HOLLANDICHTHYS MULTIFASCIATUS

É uma espécie de peixe que habita os lagos, charcos e riachos preservados da Mata Atlântica no sul e sudeste do Brasil.
É um comilão! Gosta de insetos aquáticos, insetos terrestres, caranguejinhos e camarões de água doce, minhocas, plantas e aranhas. Pode chegar a 10 cm de comprimento e tem listras pretas horizontais em zigue-zague cobrindo a lateral de seu corpo.

PAPAGAIO-CHAUÁ

Chauá quer araçá,
uvaia, amora-da-mata,
pitanga, cambucá.

Chauá quer brincar
daqui pra ali,
de lá pra cá.

Papagaio conversador,
viajante sonhador,
arco-íris voador.

Liberdade
para o chauá,
por favor.

AMAZONA RHODOCORYTHA

Esse lindo papagaio tem um bico bem forte para abrir cascas de amendoim, castanhas e pinhão. Também gosta de frutas, sementes, botões de flores e leguminosas. Quando preso em gaiola, fica muito triste e estressado, chegando a arrancar suas próprias penas. O comércio ilegal dos papagaios deve ser incansavelmente combatido.

CUÍCA-CINZA

Cuíca do olhar
triste e atento,
frágil, nanica,
nos galhos,
balança ao vento.

Foge da jaguatirica,
conversa com sabiá-cica.

A mata, seu universo,
a árvore, seu mundo.
delicada, bonita,
finita como um verso
feito e esquecido
no mesmo segundo.

MARMOSOPS INCANUS

A cuíca-cinza só existe no Brasil. Animal pequeno, frágil, solitário e de hábitos noturnos. Come frutas e insetos. É uma espécie semélpara, ou seja, se reproduz apenas uma vez na vida. Nesse período de reprodução, acontece uma perda muito grande de saúde e energia. Por isso, a expectativa de vida é bem baixa: os machos vivem cerca de um ano, e as fêmeas, um ano e meio.

OUTROS BICHOS
DA MATA ATLÂNTICA
PREGUIÇA-
-DE-COLEIRA
BRADYPUS TORQUATUS
JAGUATIRICA
LEOPARDUS
PARDALIS
OURIÇO-PRETO
CHAETOMYS SUBSPINOSUS
TATU-GALINHA
DASYPUS NOVEMCINCTUS
LOBO-GUARÁ
CHRYSOCYON BRACHYURUS

MURIQUI-DO-SUL
BRACHYTELES ARACHNOIDES
GUIGÓ
CALLICEBUS
PERSONATUS
TAPITI
SYLVILAGUS BRASILIENSIS
VEADO-BORORÓ
MAZAMA RUFINA
QUEIXADA
TAYASSU PECARI

BORBOLETA 88
DIAETHRIA CLYMENA
JANEIRA
ARLEQUIM-DA-MATA
ACROCINUS LONGIMANUS

BICHO-PAU
PHIBALOSOMA SP
BESOURO-DIAMANTE
ENTIMUS IMPERIALIS
CIGARRA-FORMOSA
CARINETA DIARDI

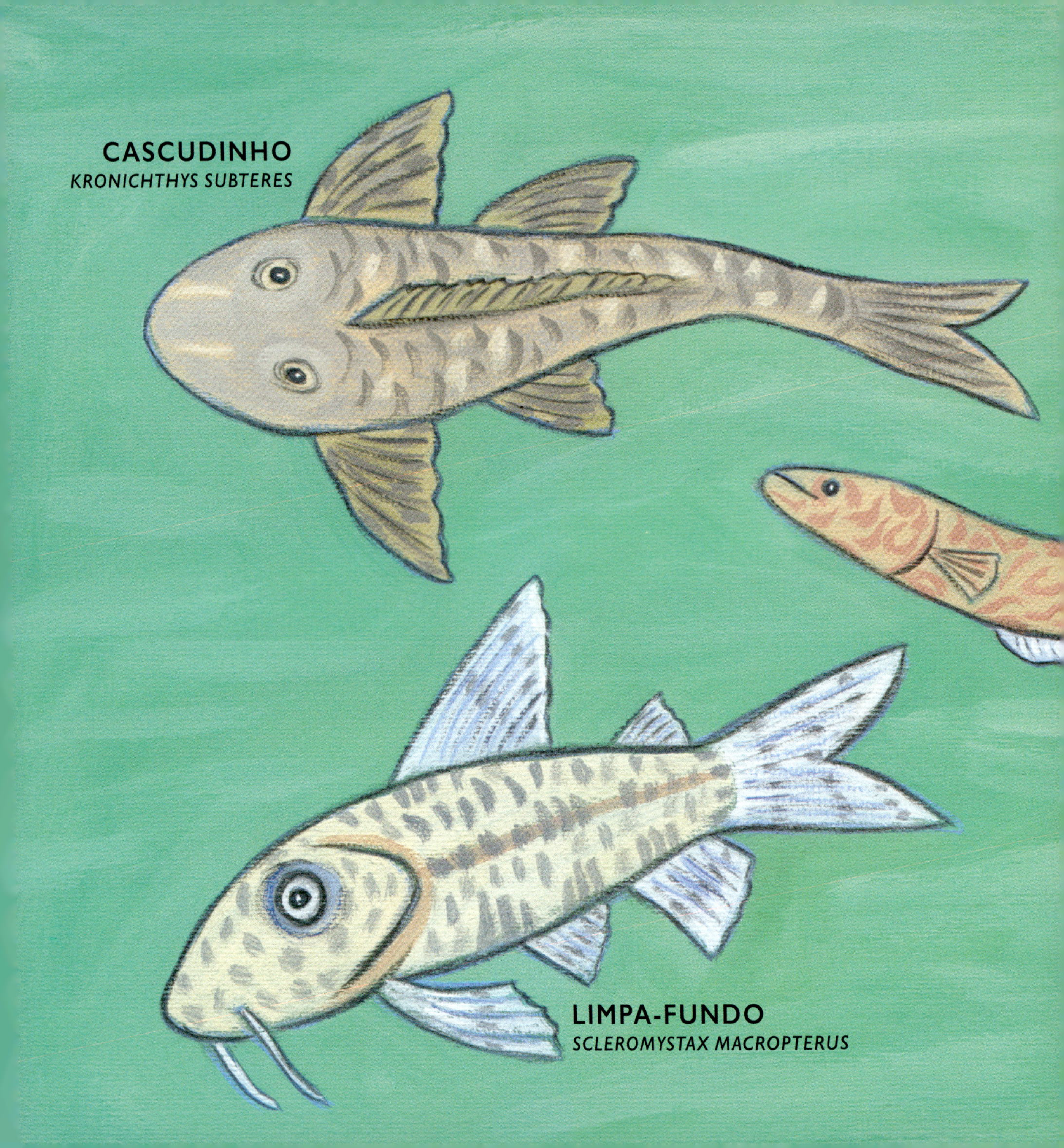
CASCUDINHO
KRONICHTHYS SUBTERES
LIMPA-FUNDO
SCLEROMYSTAX MACROPTERUS

PIABINHA-AZUL
MIMAGONIATES MICROLEPIS
SARAPÓ-PINTADO
GYMNOTUS PANTHERINUS
BAGRE-CEGO
PIMELODELLA KRONEI

RÃ-FOGUETE
ALLOBATES OLFERSIOIDES
CÁGADO-DE-HOGEI
PHRYNOPS HOGEI
JARARACA-TAPETE
BOTHROPS PIRAJAI

SAPO-BOI
CERATOPHRYS AURITA
LAGARTO
DIPLOGLOSSUS FASCIATUS

MARIA-LEQUE-DO-SUDESTE
ONYCHORHYNCHUS SWAINSONI
TANGARAZINHO
ILICURA MILITARIS
CAPITÃO-DE-SAÍRA
ATTILA RUFUS
JAÓ-DO-SUL
CRYPTURELLUS
NOCTIVAGUS

BICUDINHO-DO-
-BREJO-PAULISTA
FORMICIVORA PALUDICOLA
BEIJA-FLOR-RAJADO
RAMPHODON NAEVIUS
COROCOXÓ
CARPONIS CUCULLATA
CORUJINHA-SAPO
MEGASCOPS ATRICAPILLA

ONDE ENCONTRAR OS BRASILEIRINHOS

PARQUES NACIONAIS NA MATA ATLÂNTICA

Parque Nacional de Itatiaia (Rio de Janeiro)
Parque Nacional da Serra dos Órgãos (Rio de Janeiro)
Parque Nacional da Tijuca (Rio de Janeiro)
Parque Nacional do Pau-Brasil (Bahia)
Floresta Nacional de Ipanema (São Paulo)
Parque Nacional do Caparaó (Minas Gerais e Espírito Santo)
Parque Nacional do Superagui (Paraná)
Parque Nacional de São Joaquim (Santa Catarina)
Parque Nacional do Iguaçu (Rio Grande do Sul)
Parque Nacional de Aparados da Serra (Rio Grande do Sul)
Parque Nacional de Ilha Grande (Paraná)
Parque Nacional da Serra da Bocaina (São Paulo e Rio de Janeiro)
Parque Nacional do Descobrimento (Bahia)
Parque Nacional do Monte Pascoal (Bahia)

ORGANIZAÇÕES

SOS MATA ATLÂNTICA — sosma.org.br
INSTITUTO PRÓ-CARNÍVOROS — procarnivoros.org.br
INSTITUTO RÃ-BUGIO — ra-bugio.org.br
PROJETO MUCKY — projetomucky.org.br
WWF BRASIL — wwf.org.br
PROJETO CAIMAN — imd.org.br/projeto-caiman
ASSOCIAÇÃO MICO-LEÃO-DOURADO — micoleao.org.br
ASSOCIAÇÃO PRÓ-MURIQUI — novamata.org/iniciativa/associacao-pro-muriqui
CONSERVAÇÃO INTERNACIONAL BRASIL — conservation.org/brasil
RENCTAS REDE NACIONAL DE COMBATE AO TRÁFICO DE ANIMAIS SILVESTRES — renctas.org.br

Sites acessados em fevereiro/2024.

SOBRE OS AUTORES

Lalau e Laurabeatriz trabalham juntos desde 1994. Na trajetória literária da dupla, a coleção Brasileirinhos tem grande destaque. São vários volumes que retratam a maravilhosa fauna do país de um jeito colorido, sensível e informativo. Neste livro, o bioma escolhido é a Mata Atlântica, que possui uma biodiversidade rica e linda. Mas está longe de ter o espaço e respeito que tanto merece. Vamos lutar por ela?

Lalau é paulista e poeta.
Laurabeatriz é carioca e artista plástica.

A marca FSC® é a garantia de que a madeira utilizada na fabricação do papel deste livro provém de florestas que foram gerenciadas de maneira ambientalmente correta, socialmente justa e economicamente viável, além de outras fontes de origem controlada.

Esta obra foi composta em Corinthian e Gill Sans e impressa pela Gráfica Bartira em ofsete sobre papel Couché Design Gloss da Suzano S.A. para a Editora Schwarcz em abril de 2024